L'ENFANCE DE JESUS.

LYON,

IMPRIMERIE DE LOUIS PERRIN.

L'ENFANCE
DE JESUS,

TABLEAUX FLAMANDS,

POEME

fur des compofitions dé Jérôme Wierix;

PAR L. ALVIN.

Avec quatorze planches & une notice biographique
fur les trois frères Wierix, graveurs du XVI⁰ fiècle.

PARIS,

CHEZ AUGUSTE AUBRY,

L'un des libraires de la Société des Bibliophiles françois.

RUE DAUPHINE, 16.

1860.

DESIGNATION DES TABLEAUX.

NOTICE BIOGRAPHIQUE

SUR

LES WIERIX.

DEPUIS les deux grands maîtres de Nuremberg & de Leyde, l'art de la gravure s'était développé, aux Pays-Bas, fur deux lignes en quelque forte parallèles : l'une qui va de Lucas Jacobfz à Jean Muller, par H. Goltzius, Saenredam & Matham ; l'autre qui,

8

partant d'Albert Durer & fuivant fa trace, aboutit aux frères Wierix. La première, fuivant la voie du progrès, conferve, avec plus de refpect, le caractère propre de l'art flamand : le coloris ; la feconde, ne s'écartant point de l'ornière, conduit au minutieux perfectionnement de procédés devenus infuffifants pour le but nouveau que les graveurs fe propofaient dès lors : l'interprétation des œuvres des peintres.

Les changements apportés, en Hollande, par les événements politiques du XVIe fiècle avaient éloigné de ce pays un grand nombre d'artiftes vivant du produit des travaux dont la fource réfide dans les croyances & les habitudes catholiques.

De 1560 à 1590, on voit s'ouvrir à Anvers un nombre confidérable d'ateliers de gravure, que des marchands y tranfportent de Harlem & d'Amfterdam. Les principaux éditeurs font Jérôme Cock, Martin Petri, Adrien Huberti, Gérard de Jode, Adrien Collaert,

Philippe Galle, Jérôme Wierix, Aſſuwerus Van Londerzeel, &c. ; la plupart étaient eux-mêmes d'habiles graveurs.

Trois frères ont porté le nom de Wierix, Wiricx, ou Wierx, & ont excellé dans leur art, ſe ſignalant par les mêmes qualités & les mêmes défauts, tellement qu'il faudrait être bon connaiſſeur pour les diſtinguer l'un de l'autre, s'ils n'avaient, preſque toujours, eu ſoin de ſigner leurs œuvres de leurs nom & prénoms.

D'après Nagler (1), les trois frères Wierix ſeraient nés à Amſterdam, Jean en 1548, Jérôme en 1549 & Antoine en 1550. Sur quels documents cet écrivain s'eſt-il appuyé pour contredire ſes devanciers ? Sur une erreur, qu'il partage, d'ailleurs, avec tous ceux qui ſe ſont occupés des trois frères, & qui conſiſte à attribuer à Jérôme les pièces marquées

(1) Nagler. Neues allgemeines Künſter Lexicon. Tom. 21, page 396.

I H W, tandis qu'elles font en réalité de Jean, l'aîné des trois frères. Brulliot, dans fon *Dictionnaire des monogrammes*, répète, d'après Huber, Gori & Malpé, que les trois graveurs font nés refpectivement en 1550, 1551, 1552. On voit que, felon l'un & l'autre, les trois frères fe fuivent à une année d'intervalle. Il y avait un moyen affez facile de déterminer les dates, quant à la naiffance de Jean & de Jérôme. Il exifte plufieurs pièces de leur première jeuneffe, fur lefquelles ils ont pris foin d'infcrire & la date, & leur âge. Jean avouait quinze ans en 1564, il ne s'en donnait que feize en 1566 : on peut donc porter à 1550 la naiffance de l'aîné. Jérôme avait douze ans en 1566 ; il eft donc né en 1554. Peut-être les douze ans étaient-ils révolus depuis dix à onze mois ; dans ce cas, il faudrait reporter fa naiffance à 1553. C'eft en effet la date que l'on trouve fur la pierre tumulaire du graveur, confervée dans l'églife de Saint-Jacques, à Anvers.

Pour Antoine, il n'exifte, à notre connaif-
fance, aucun acte authentique fur lequel on
puiffe appuyer une opinion ; mais comme il
était le dernier venu, il ne peut guère être né
avant 1555.

Le lieu de naiffance n'eft pas plus exacte-
ment défigné que la date. Jean s'établit à
Anvers en 1582. Un acte du 31 décembre
lui confère, dans cette localité, les droits de
bourgeoifie. L'acte fe trouve aux archives de
la ville, & Jean Wierix y eft défigné comme
natif de Bréda.

Il eft vrai que l'épitaphe de Jérôme, dont
nous avons parlé plus haut, donne à celui-
ci la qualité d'Anverfois. Peut-on en induire
qu'il eft natif de la ville d'Anvers? Ce ferait
s'expofer à remplacer une erreur par une autre. Le droit de bourgeoifie, acquis vraifem-
blablement par Jérôme & Antoine de même
que par leur aîné, juftifie la qualification
d'Anverfois que fe donne le premier des
deux. On voit en effet, par le regiftre de la

gilde de St-Luc, qu'Antoine fut admis dans cette corporation, comme graveur, en 1590.

Nous devons nous en rapporter à l'acte authentique cité plus haut, d'après lequel Jean, l'aîné des trois frères, est né à Bréda, plutôt qu'à l'assertion sans preuves qui le fait naître, ainsi que ses deux frères, à Amsterdam. Il se peut qu'ils aient habité cette dernière ville avant de se fixer à Anvers; cependant aucun de leurs ouvrages ne porte le nom d'Amsterdam. Ce qui est hors de doute, c'est que, dès l'année 1570, Jean & Jérôme Wierix avaient travaillé pour un éditeur anversois; ils ont gravé, entre autres, plusieurs planches de l'ouvrage d'Arias Montanus, intitulé *Humanæ salutis Monumenta*, sorti des presses de Chr. Plantin, en mai 1571.

Selon toutes probabilités, les Wierix appartenaient à une famille de graveurs. Comment expliquer sans cela l'extrême précocité des deux aînés? Il faut que, dès leur plus tendre enfance, ils aient eu le burin entre les doigts ; un père feul peut les avoir guidés dans la voie & leur avoir procuré tous les éléments matériels & intellectuels de leur travail & de leurs études.

Dès l'âge de douze ans, Jean & Jérôme produifent des copies d'après Albert Durer ; on voit qu'ils ne s'attaquaient point aux moindres, & que l'inftituteur qui les dirigeait choififfait fes modèles avec difcernement & avec goût.

Jean exécute, à l'âge de douze ans, la copie de l'eftampe : *l'Homme de douleurs*, du maître de Nuremberg, décrite par Bartfch fous le n° 20 ; à quinze ans, il reproduit, avec une telle fidélité qu'on pourrait les prendre pour des originaux, *la Vierge à la couronne d'étoiles*, Bartfch, n° 31 ; *le Grand Cheval*, Bartfch, n° 97, & *le Cavalier de la Mort*, Bartfch, n° 98. Cette dernière eft une des plus belles compofitions d'Albert Durer, & fi fon jeune émule n'avait eu la confcience de figner & de dater fa copie, elle aurait pu

14

tromper bien des amateurs. Ce que lui & fon
frère ont eu la délicateffe de s'interdire, plus
d'un contrefacteur moderne a tenté de le faire,
en effaçant la fignature du copifte. Le même
Jean a gravé, à feize ans, les copies des
pièces fuivantes : *Adam & Eve*, Bartfch, n° 1 ;
la Nativité, Bartfch, n° 2 ; *la Vierge allai-
tant Jéfus*, Bartfch, n° 34. A dix-fept ans, *la
Vierge au finge*, Bartfch, n° 42 ; *les Cinq apô-
tres*, décrits fous les n°s 46 à 50 ; *le Payfan
& fa Femme*, Bartfch, n° 83, & *le Petit cheval*,
Bartfch, n° 96.

Jérôme s'eft montré plus précoce encore
que fon aîné. Nous connaiffons fix copies
d'après Durer exécutées par cet enfant, à
l'âge de douze ans. Ce font : *Saint Georges à
cheval*, Bartfch, n° 54 ; *Saint Sébaftien*, Bartfch,
n° 55 ; *les Trois Génies*, Bartfch, n° 66 ; *la
Famille du Satyre*, Bartfch, n° 69 ; *la Dame à
cheval*, Bartfch, n° 82, & *le Branle*, Bartfch,
n° 90.

Quatre autres pièces font marquées comme

ayant été exécutées par lui, à l'âge de treize ans. Ce font : *Saint Jérôme dans le creux d'un rocher*, Bartfch, n° 59 ; *le même faint dans fa cellule*, Bartfch, n° 60 ; *la Juftice*, Bartfch, n° 79 ; *la Vierge avec l'Enfant emmaillotté*, Bartfch, n° 38.

Trois pièces indiquent l'âge de quatorze ans, ce font : *la Vierge couronnée par deux anges*, Bartfch, n° 39 ; *la Vierge affife au pied d'une muraille*, Bartfch, n° 40, & *le Joueur de cornemufe*, Bartfch, n° 91.

A quinze ans, Jérôme exécute la copie de *Jéfus expirant fur la croix*, Bartfch, n° 24, & de *la face de Jéfus fur le fuaire*, Bartfch, n° 25.

Nous ne citons que les copies fur lefquelles les deux frères ont indiqué leur âge ; leur laborieufe enfance a produit un bien plus grand nombre de copies que nous n'en avons rapporté ; nous en connaiffons cinquante-cinq, d'après Albert Durer feulement.

Le *Saint Jérôme dans fa cellule*, gravé par Jérôme, âgé de treize ans, reproduit l'ori-

16

ginal avec une fidélité extraordinaire ; il faut l'œil exercé d'un connaiffeur pour la reconnaître, & plus d'un amateur novice a accepté cette eftampe comme l'œuvre même du maître de Nuremberg.

Le Lexicon de Nagler eft le livre dans lequel on trouve le plus de renfeignements fur nos trois graveurs. C'eft là auffi qu'il faut chercher la lifte la moins incomplète de leurs ouvrages : il renfeigne fix cent treize numéros de l'œuvre des trois frères (1).

Lorfqu'on fonge aux difpofitions naturelles qu'ils apportèrent en naiffant, aux preuves de talent qu'ils donnèrent dans l'âge le plus tendre, on fe prend à regretter que

(1) On trouvera encore quelques indications dans les ouvrages fuivants : Huber & Roft, *Manuel des amateurs de l'art*, t. v ; Huber, *Catalogue de M. Brandes*, t. 1, p. 572 ; Bazan, *Catalogue de Mariette*, p. 272 ; Huber & Stimmel, *Catalogue de M. Winckler*, t. 1, p. 1146 Bazan, *Dictionnaire des graveurs* (1791), p. 518 ; T'Sas, *Catalogue de M. Hazard*, & Robert Duménil, à l'article de Duval, t. v.

de telles facultés n'aient point été dévelop-
pées par des études plus fortes & fécon-
dées par des influences plus élevées. Placés
dans un autre milieu, fous la difcipline de
maîtres tels que Raphaël ou Rubens, ces
étonnants buriniftes euffent égalé Marc-An-
toine, Vorfterman & Pontius. Mais réduits
à fe faire les interprètes de peintres tels que
Martin Heemskerk, Jean Stradan, Martin
de Vos, Crifpin Van den Broeck & même
Otto Venius, ils ne purent atteindre à un
idéal qu'ils n'ont pas entrevu & dont la réa-
lifation ne fut jamais fous leurs yeux. Jean
grava, il eft vrai, *le Jugement dernier* de Mi-
chel-Ange, mais dans des proportions mi-
crofcopiques, & certainement d'après quelque copie médiocre, car jamais il n'a vu le
Vatican ni la chapelle Sixtine. Ses frères &
lui ont interprété quelques tableaux italiens,
même des Raphaël, mais ils n'avaient point
dans l'efprit l'élévation qui permet de com-

prendre de pareilles œuvres; ils les ont traduites en langue vulgaire.

Comme tous les graveurs contemporains & comme leurs devanciers, les Wierix ne se font point bornés à reproduire les inventions des peintres, ils ont gravé aussi leurs propres compositions.

Manquant d'études solides, connaissant peu l'antiquité, dominés d'ailleurs par les idées étroites que les archiducs Albert & Isabelle avaient apportées en Flandre de la cour de l'Escurial, ils ne purent jamais s'élever, dans leurs conceptions, au dessus d'un réalisme vulgaire ou d'un mysticisme mondain. Ils rencontrèrent cependant quelquefois certains sujets heureux, sous l'inspiration des R R. PP. de la Société de Jésus, dont la maison anversoise les fit beaucoup travailler. La suite intitulée : IESV CHRISTI, DEI DOMINI SALVATORIS NRI, INFANTIA, est de ce nombre. C'est une gracieuse légende, traduite dans le style &

rappelant les mœurs de la Flandre du XVIᵉ siècle. Le ménage de saint Joseph & de Marie, qui s'y trouve dépeint, dans une succession de scènes familières, est un ménage anversois en l'année 1600.

Quel est l'auteur du cantique, en petits vers latins rimés, qui accompagne cette suite? Nous l'ignorons; nous croyons pourtant pouvoir l'attribuer à quelque Père Jésuite. En effet on voit, dans la dernière estampe de la suite, (pièce que nous nous dispensons de reproduire) les quatre saints de la Compagnie, illuminés par les rayons qui émanent de l'enfant Dieu.

On peut en dire autant d'une autre suite intitulée COR IESV AMANTI SACRVM; composition mystique, dans laquelle on voit Jésus s'emparer d'un cœur, le laver de ses souillures, l'orner comme la maison qu'il voudrait habiter & enfin le couronner de la gloire céleste.

L'œuvre des frères Wierix est très considérable. Le catalogue de Nagler comprend 82 numéros de Jean, 400 de Jérôme & 131 d'Antoine, c'eſt à peine le tiers des pièces que nous connaiſſons de ces graveurs. Le cabinet des eſtampes de la bibliothèque impériale de Paris en poſſède près de onze cents.

On conſidère généralement Jérôme comme le plus habile des trois ; cette opinion ne réſiſte point à l'étude attentive de leurs œuvres. Il exiſte un grand ouvrage, auquel ils ont travaillé ſimultanément, & qui ſe prête bien à la comparaiſon, c'eſt le livre du P. Natalis intitulé : *Evangelicæ hiſtoriæ imagines*, publié à Anvers, en 1586. Les planches gravées par Jean l'emportent de beaucoup ſur celles de ſes frères, pour la fermeté du burin & la ſûreté du deſſin. Ceux qui ont donné la palme à Jérôme n'ont pu être déterminés à cette préférence qu'en attribuant à ce dernier les pièces que ſon aîné à ſignées I H W.

Nos graveurs ont fait le portrait de preſque tous les perſonnages illuſtres de leur temps. Il s'en trouve dans le nombre beaucoup de très remarquables & qui doivent être d'une reſſemblance frappante. La plupart ſont de très petites dimenſions & d'un merveilleux fini. Il y en a cependant quelques-uns in-folio, preſque de grandeur naturelle : ce ſont ceux de Henri III & de Henri IIII, rois de France, le premier par Jérôme, le ſecond par Jean ; de Michel de l'Hoſpital, par Jean, & de Philippe II, roi d'Eſpagne, par Jérôme. La claſſe des portraits, dans le catalogue des trois frères, comprend au-delà de 180 numéros.

Bien qu'ils aient quelquefois travaillé pour d'autres éditeurs, les Wierix ont, le plus ſouvent, imprimé & édité leurs gravures ; ce qu'ils indiquent par le mot *excudit*, placé après *invenit & ſculpſit*, à la ſuite de leur nom. Un grand nombre de leurs pièces portent en outre ces mots : *Cum gratia & privilegio Buſchere*, ou *Sign. Buſchere*. Ce nom eſt quelquefois remplacé par celui de *Piemans*. Nagler eſt tombé, à ce propos, dans une fingulière erreur ; il prend ce Bufchere & ce Piemans pour deux éditeurs qui fe feraient fuccédé dans la propriété des planches, & indique les éditions de Bufchere comme les meilleures. La vérité, c'eft que ces deux perfonnages étaient de hauts fonctionnaires de ce temps-là. Joachim de Bufchere était fecrétaire du Confeil de Brabant, il fignait en cette qualité les octrois & priviléges royaux accordés par les archiducs. En 1602, Jérôme Wierix avait gravé les armoiries de la famille de Bufchere : d'argent aux trois cornets, deux & un ; avec la devife : *Raifon contente Bufcher*. En 1603, Jean grava le portrait du fecrétaire, autour duquel on lit : JOACHIMVS DE BVSCHER SS. PP. ALBERT ET ISABEL ARCHID. AVST. IN CONSIL. A SECRETIS.

Si l'on rapproche les ouvrages des Wierix de ceux de quelques-uns de leurs contemporains, tels que Corneille Cort, Henri Goltzius & les Sadeler, on eft frappé du contraſte qui exiſte entre l'immobilité des premiers & le mouvement de progrès qui caractériſe l'allure des autres.

Appliqués, dès l'enfance, à copier ſervilement Albert Durer, à une époque où ils étaient trop jeunes pour voir dans les beaux ouvrages du maître de Nuremberg autre choſe que la perfection de ſes procédés délicats & fins, les Wierix lui ont emprunté ſes qualités matérielles, les ont copiées, en quelque ſorte, d'une manière mécanique, mais ils n'ont pas fait un pas en avant; ils ont été les conſervateurs de la tradition de l'ancienne gravure, demeurant impaſſibles au milieu du mouvement progreſſif qui s'accompliſſait autour d'eux. Arrivant après Cort, contemporains & compatriotes des Sadeler & de Goltzius, ce hardi promoteur des tailles larges & puiſſantes, ils ne s'en tiennent pas moins aux hachures courtes, maigres & ſerrées, uſitées dans le ſiècle précédent & à l'origine de l'art. Ils ont manié le burin avec une adreffe fans pareille, mais leurs travaux ont toujours quelque chofe de mefquin & de petit. Leur ftyle eft conftamment le même; la taille ne s'élargit jamais fous leurs mains en raifon de la dimenfion du cuivre qu'ils ont à couvrir; leur burin lèche un efpace d'un pied carré avec la même minutie qu'une miniature de dix lignes. Ils font inimitables quand ils veulent rendre un objet dans des proportions infiniment petites : la gravure anglaife fur acier ne les a pas furpaffés.

Comme deffinateurs, ils ont plus de correction froide que de mouvement & d'expreffion, plus de moelleux que d'élégance. Leurs types confervent le caractère hollandais légèrement modifié par le ftyle pfeudoraphaëlefque de Martin de Vos.

Ces graveurs fi féconds, qui ont exécuté tant de portraits, ont négligé de nous conferver leur propre image. On n'en a pas trouvé dans leurs œuvres; les artiftes contemporains, leurs nombreux collaborateurs anverfois, les ont également oubliés. Ce ferait donc une bonne fortune que de découvrir une figure qui pût, avec quelque apparence de certitude, s'offrir aux amateurs comme le portrait de l'un des frères Wierix. Nous croyons avoir fait cette découverte. Nous avons rencontré, dans deux pièces allégoriques, dues au burin de Jean, deux têtes qui ont tout à fait l'afpect de portraits placés à deffein par le graveur dans fon ouvrage.

L'une de ces pièces mérite d'être décrite, à caufe de l'originalité de la compofition. On y voit, au milieu, la Mort qui frappe de fa lance une jeune femme fe livrant au plaifir de la danfe. Deux petits démons lilliputiens s'emparent de fon âme pendant qu'un jeune homme s'efforce de relever la danfeufe expirante. A droite, deux autres couples, fe faifant vis-à-vis, regardent avec effroi la fcène du milieu, tandis que quatre muficiens, affis à gauche, fufpendent le jeu de leurs inftruments. Sur le devant de l'eftampe, à une

table, où restent vides les places qu'ont oc-
cupées les danseurs, sont encore assis trois
personnages dont une femme vue par le dos.
Les deux autres figures, le mari & la femme
vraisemblablement, se font vis-à-vis, sont vues
de trois quarts & regardent le spectateur. Un
ange est debout derrière la dame, un ado-
lescent derrière la chaise de l'homme, qui
doit être Jean Wierix, alors âgé de cinquante
trois ans. Il tient de la main droite un verre
qu'il s'apprête à vider, & de l'autre un portrait de femme gravé. On lit, pour légende,
dans la marge, non du portrait, mais de l'estampe que nous décrivons : MEDIO · LV-
SV · RISVG · RAPIMVR · AETERNVM ·
CRVCIANDI · & au-dessous, en carac-
tères plus fins : 1602. IOHAN · WIRICX · INVEN ·
SCVLPSIT · ET · EXCVD · CVM · G · PRIVIL · ARCH ·
D · SING · B · Nous avons retrouvé la même
tête, posée dans le sens inverse, sur une autre
estampe de Jean. On y voit quatre personnages, deux femmes & deux hommes, qui

paraissent les membres d'une même famille, agenouillés devant l'image du St-Suaire. Les deux femmes sont à gauche; elles sont vues par le dos & en profil perdu. L'un des deux hommes ne montre que les épaules & le derrière de la tête. L'autre, qui est dans l'angle d'en bas à droite, paraît moins occupé de la prière que du soin de faire voir sa figure, qu'il présente en trois quarts, le regard assuré, dirigé vers le spectateur. On lit dans la marge : SVB HOC CAPITE AVDES CHRISTIANE DELICIAS SPERARE AVDES SEQVI SVB HOC IVDICE; & plus bas : IOHAN WIRICX IN F. EXCVD. CVM. G. PRIVIL. SIG. D. BVSCHER.

Ces deux têtes sont exécutées avec une admirable finesse. A en juger par la vérité du dessin, par le modelé, par le caractère individuel dont la physionomie est empreinte, ce sont bien des portaits, & non pas des figures de fantaisie. Le soin précieux que l'artiste a apporté à l'exécution indique clairement l'intention d'attirer l'œil sur cette partie de l'estampe. En effet, dans l'une comme dans l'autre, la tête, que nous croyons le portrait de Jean, fait diversion au sujet principal. Et quand on songe que, pour produire cet effet, le graveur n'avait à sa disposition qu'un espace large comme un pois chiche, on doit reconnaître chez lui le dessein bien arrêté de faire un portrait ressemblant.

La date de la mort des frères Wierix serait inconnue, comme celle de leur naissance, si l'on n'avait l'inscription conservée dans l'église de St-Jacques, à Anvers, qui fixe celle de la mort de Jérôme au mois de novembre 1619. C'est le seul des trois frères pour lequel il ne reste plus d'incertitude, du moins quant à ces deux points

AVERTISSEMENT.

LE petit poëme que nous offrons au public a déjà paru, fous une forme un peu différente (1). Nous y joignons aujourd'hui les gravures de Jérôme Wierix reproduites, dans leurs dimenfions exactes, au moyen des procédés photographiques. Nous réimprimons auffi le petit cantique latin en tercets, dont un couplet, dans l'œuvre du graveur anverfois, accompagne chaque eftampe.

Le chant que notre poëte met dans la bouche des anges n'eft, le plus fouvent, que la traduction

(1) Voyez *les Recontemplations*, moins de douze mille vers. LUDUS, 1856 — SERIA 18... par Louis Jofeph VAN IL. Bruxelles & Paris, 1856. Deuxième partie, page 113.

libre de ces tercets, dont le rythme eſt emprunté au *Stabat*. Dans le reſte du poëme, il s'eſt efforcé de décrire la ſcène offerte par la gravure. En rapprochant, pour la première fois, l'imitation de l'original, le traducteur s'impoſait une plus rigoureuſe fidélité ; il a donc revu, corrigé & même augmenté ſon ouvrage.

Une lacune ſe montrait dans l'œuvre de Wierix, comme dans le poëme latin, le *Retour d'Egypte* n'y figurait point. L'auteur des vers français a cru devoir introduire ici ce gracieux épiſode de l'enfance du Sauveur. Il en a demandé l'illuſtration, non pas à un artiſte moderne, mais au grand P. P. Rubens. — C'eſt donc toujours un tableau flamand du grand ſiècle. — Nous avons fait réduire, dans cette intention, la belle gravure de Lucas Vorſterman, datée de 1620, & ayant pour inſcription dans la marge : DEI ET MATRIS ET FILII FVGAM IN AEGYPTVM...

Les photographies qui accompagnent ce volume ont été exécutées par M. Edmond Fierlants, de Bruxelles.

I.

Canta, puer, quid moraris?
Canta, Mater, invitaris
Angelorum voculis.
Cantant vultum cum ocellis,
Cantant uber plenum mellis,
In tubis & fistulis.

LE CONCERT DES ANGES.

PREMIER TABLEAU.

____

LE CONCERT DES ANGES.

Sur le tertre, émaillé des fleurs d'un frais gazon,
D'où l'œil charmé se perd dans un vague horizon,
La Mère virginale est assise. — Elle admire
L'Enfant, sur ses genoux mollement renversé,
Tendant ses petits bras au sein qu'ils ont pressé,
Et rendant un sourire au maternel sourire.

L'air resplendit, le vent se tait, l'oiseau des bois,
Ramenant sur ses yeux une aile soulevée,

Dort dans l'ombre où l'amour abrite sa couvée.
Les anges à l'entour font entendre leurs voix.

VOIX DANS LE CIEL.

Chante, Jésus, sur la montagne ;
Chante, Marie, il t'accompagne
Le chœur des chérubins du ciel.
Jésus, tes petits virtuoses
Chantent tes yeux, tes lèvres roses
Et le sein où tu bois le miel.

II.

Dormi, Jesu, Mater ridet
Quæ tam dulce somnum videt,
Dormi, Jesu blandule.
Si non dormis, Mater plorat,
Inter fila cantans orat,
Blande veni somnule.

LE SOMMEIL DE JESUS.

LE SOMMEIL DE JESUS.

Sur le berceau du Fils l'érable étend sa branche,
Marie, avec amour, à chaque instant s'y penche,
Suspendant, sans quitter l'aiguille, son travail.
Deux anges, protecteurs de son sommeil, le bercent,
Tandis que les doux chants, venus d'en haut, traversent
Les rameaux déployés ainsi qu'un éventail.

Au loin, sous le soleil, la montagne rayonne ;
C'est le milieu du jour, l'astre ne monte plus ;

Les travaux ont cessé dans les champs qu'on moissonne,
Un chœur de séraphins chante avec les élus.

VOIX DANS LE CIEL.

Dors, souriant au divin rêve,
Dors, ta Mère vaillante achève
Une robe à son cher enfant.
Dors, Jésus ; celle qui te veille,
Au moindre bruit prêtant l'oreille,
De tout son amour te défend.

III.

Dic, o Puer; Homo bulla,
Res tam levis non eſt ulla,
Bulla nil fragilius.
Mater, nati pro ſtatura
Ulnæ brevis eſt menſura,
Eſt immenſus Filius.

LES BULLES DE SAVON.

TROISIEME TABLEAU.

____

LES BULLES DE SAVON.

Ils sont tous réunis : c'est la sainte famille ;
Anne & son vieil époux sont venus voir leur fille.
L'oisiveté n'a point d'accès en pareil lieu ;
Joseph pousse en avant le rabot sur la planche,
Marie, avec sa mère, aune la toile blanche...
Que leur en faudra-t-il pour revêtir un Dieu ?

Le souffle des enfants, gonflant leurs fraîches joues,
Disperse dans l'azur mille globes vermeils.

Avec la goutte d'eau, cher enfant, tu te joues :
Ton Verbe, ainsi, de rien fit jaillir les soleils !

VOIX DANS LE CIEL.

Cette bulle est bien moins fragile,
Doux Jésus, que ne l'est l'argile
Du cœur orgueilleux des humains !
— Dieu remplit toute la nature ;
Il n'est pas de ceux qu'on mesure
A l'aune que tiennent vos mains.

IV.

Animose finde Pater,
Animosa perge Mater,
Fila trahens linea.
Est laborum consolator
Mundi Puer fabricator
Frusta legens lignea.

LES COPEAUX.

———

LES COPEAUX.

—

Et maintenant, au lieu de jouer, il travaille ;
Mais la tâche du moins s'accommode à sa taille.
Cependant que Joseph, au tranchant de l'acier
Equarrit un tronc brut, Jésus dans sa corbeille
Rassemble les copeaux, dont la flamme vermeille
Réjouira le toit du Père nourricier.

Deux anges diligents l'aident dans son ouvrage ;
Et le fleuve sacré nous laisse apercevoir

Ses méandres d'argent au fond du payſage.
Marie eſt là tournant l'agile dévidoir.

VOIX DANS LE CIEL.

Allons, courage, vaillant homme !
Femme forte, montre nous comme
On ſanctifie un dur labeur.
Que la paix dans vos cœurs abonde,
Puiſque le Créateur du monde
Mêle à la vôtre ſa ſueur.

V.

O beatum pavimentum !
Te, qui fecit firmamentum,
    Verrit suis manibus.
Ferte ligna, fiet cibus ;
De farina satis tribus,
    Sed amoris ignibus.

LE BALAI.

CINQUIEME TABLEAU.

LE BALAI.

Rien, dans ces durs travaux, ne rebute le Père :
On le voit, au dehors, fendre le bois. — La Mère,
Sous le cuivre qui chante attiſant les charbons,
Aſſiſe devant l'âtre où la flamme pétille,
Apprête le repas de la pauvre famille...
Les plus modeſtes mets ſont pour eux aſſez bons !

Et l'Enfant, — des ſix jours celui qui fit la tâche !
Lui qui pour notre amour, du ciel ſe voit privé,

Dont la splendeur divine à tous les yeux se cache, —
Va de ses saintes mains balayer le pavé !

VOIX DANS LE CIEL.

Béni soit l'asile modeste
Balayé par la main céleste
Qui décora le ciel profond !
— Les auréoles radieuses,
Ce sont les mains laborieuses
Et les cœurs chastes qui les font.

VI.

Jesu, Matris deliciæ,
Paternæ decus gloriæ,
   Tu Matris libas oscula.
Tu spes ad te clamantium,
Salus & mundi pretium,
   Tu patri das solatia.

LE RETOUR D'EGYPTE.

SIXIEME TABLEAU.

———

LE RETOUR D'EGYPTE.

Les pauvres exilés vont revoir la patrie.
L'Enfant marche guidé par Joseph & Marie
Qui, pensive, s'en va le tenant par la main ;
Sous un ardent soleil ils montent la colline,
Et, les voyant passer, le haut palmier s'incline,
Tâchant de projeter plus d'ombre à leur chemin.

Jésus aux bons parents qu'il aime & qu'il révère
Adresse, en cheminant, quelques mots gracieux…

56.

Marie..., à l'horizon verrais-tu le calvaire,
Que ton front assombri s'incline soucieux ?

VOIX DANS LE CIEL.

Hauts palmiers, versez-lui votre ombre,
Bengalis, sur la branche sombre,
Chantez avec plus de ferveur.
Zéphir, rafraîchissez sa robe ;
Sous cet enfant Dieu se dérobe,
Celui qui passe est le SAUVEUR !

VII.

Digna Deo ſurgat domus
Et in veſtem currat glomus
Fila pèr ſubtilia.
Puer magnus in ſtellato
Regnat cœlo, & in prato
Alba veſtit lilia.

LA CHARPENTE DU LOGIS.

LA CHARPENTE DU LOGIS.

Leur toit s'est écroulé pendant la vie errante ;
De la maison, voyez, ils dressent la charpente ;
Un ange, aidant Joseph comme un humble ouvrier,
Façonne une cheville & se tient en arrière ;
Jésus, pesant de tout son corps sur la tarière,
Fore un trou rond au bout de l'épais madrier.

Marie, assise auprès de l'Enfant, l'encourage
D'un doux sourire, & dit à ce cher travailleur :

« Ton vêtement s'est bien usé dans le voyage ;
Patience, ta mère en va coudre un meilleur. »

VOIX DANS LE CIEL.

Refais ta maison écroulée,
Joseph : sur la voûte étoilée
Sept palais attendent ton Fils.
— Tendre Mère, travaille encore ;
Chaque matin, avant l'aurore,
Dieu fait bien la robe des lis.

VIII.

Ecce, Mater, cum labore
Largo vultus cum ſudore
Serrantem filiolum ;
Nonne dicis mente tota ?
Curre linum, curre rota,
Citò da ſtrophiolum.

LES TRONÇONS.

HUITIEME TABLEAU.

LES TRONÇONS.

Le chêne est là gisant, dépouillé de ses branches,
Les anges ont marqué la mesure des planches,
Et, pour le maintenir, se sont assis dessus.
L'écorce, gémissant sous la dent qui l'entame,
Résiste à la morsure ardente de la lame
Qu'y promène Joseph assisté de Jésus.

La tête de l'Enfant sous la sueur rayonne.
En tournant son rouet, Marie a soupiré.

Est-ce pressentiment ? Voit-t-elle la couronne
Dont l'épine rougit ce beau front déchiré ?

VOIX DANS LE CIEL.

Du travail, humain apanage,
Jésus, tu fais l'apprentissage ;
Il commence dès le berceau.
L'heure vole, le temps s'écoule
Pendant que le fil blanc s'enroule,
Marie, autour de ton fuseau.

IX.

Ferro trabes vult secare,
Puer, terras, cœlum, mare,
Qui pugillo continet.
Mater fuſo volvit lina,
Angelorum quæ regina
Supra cœlos eminet.

LES SCIEURS DE LONG.

NEUVIEME TABLEAU.

———

LES SCIEURS DE LONG.

Mais ce nouveau labeur excédera ſa force !
Sur la poutre monté, voyez, comme il s'efforce !
Le pied ferme, les bras fléchis, le corps d'aplomb,
Il tire à lui la ſcie & Joſeph la rabaiſſe.
Marie, à tout moment, le cœur inquiet, laiſſe
Son ouvrage, & de l'œil ſuit le ſcieur de long.

Car la Mère eſt encor là, filant ſa quenouille ;
Et, — l'amour maternel ſe peut-il maîtriſer ? —

Quand son doigt diligent à sa lèvre se mouille,
Au généreux enfant elle envoie un baiser.

VOIX DANS LE CIEL.

Cette main d'enfant, tendre Mère,
N'est point si faible ; elle a su faire
La terre, la mer & le ciel.
Prépare ton âme, ô Marie,
L'urne des maux n'est point tarie :
Jésus boira bien d'autre fiel.

X.

O Maria, ficut linum,
Munde cordis noftri finum,
Peccatis innumeris.
Salve lignum crucis fignum;
Qui fert parvum, Puer, tignum
Crucem feret humeris.

LES COUVREURS SUR LE TOIT.

DIXIEME TABLEAU.

LES COUVREURS SUR LE TOIT.

Et voici la maison déjà presque achevée.
D'une solive, avec grand' peine soulevée,
Deux anges ont chargé l'épaule de l'Enfant;
Par l'échelle appuyée au haut de la muraille,
Sur le toit où Joseph, dès le matin, travaille,
Il s'en va déposer son fardeau triomphant.

Sur le lin blond passant la dent de fer du peigne,
La Mère voit son fils & détourne les yeux.

Un noir preſſentiment trouble ce cœur qui ſaigne,
Elle écoute en tremblant le chant qui vient des cieux.

VOIX DANS LE CIEL.

Comme Jéſus lave notre âme,
Epure ton lin, ſainte femme ;
Ton fils eſt le vrai Roi des Rois !
— Trop tôt, Mère, tu te déſoles .
Le bois qui charge ſes épaules,
Ce n'eſt pas encore la croix .

XI.

Frustra Pater navem dabit,
Frustra caligas parabit
  Texens Mater filio;
Quando volet navigare,
Ambulabit super mare
  Nullius auxilio.

LA CONSTRUCTION DE LA BARQUE.

ONZIEME TABLEAU.

———————

LA CONSTRUCTION DE LA BARQUE.

Il leur faut une barque, & dès l'aube, à l'ouvrage,
Près de Joseph, Jésus travaille avec courage :
Les sonores maillets frappent sur les ciseaux.
L'Enfant à tout labeur docilement se prête ;
Bientôt il s'en ira, sur la vague inquiète,
Poursuivre de ses rets les habitants des eaux.

Assise à côté d'eux sur la rive fleurie,
— De toutes les vertus le modèle complet, —

Laborieuſe, aimante & ſereine, Marie
Coud la voile & refait les mailles du filet.

VOIX DANS LE CIEL.

A quoi bon la barque fragile,
La rame, la voile inutile
Qu'on prépare à ce Fils ſi cher ?
— On voit l'avenir d'où nous ſommes : —
Un jour votre Enfant, pêcheur d'hommes,
Sur les vagues ſaura marcher.

XII.

Necte rosas, generosa,
Plecte flores, Virgo rosa,
Rosarum pulcherrima.
Hortus palis fit conclusus
Ubi tecum dulces lusus
Pia ludet anima.

LE LATTIS DU JARDIN.

LE LATTIS DU JARDIN.

Le printemps a rendu son feuillage à la branche,
Aux forêts l'anémone & la douce pervenche,
Et de leurs verts cornets les muguets sont sortis.
C'est partout fête & joie au sein de la nature !
Mais Joseph & Jésus, réparant la clôture
De leur petit jardin, l'enferment d'un lattis.

Et pendant que Jésus de sa sueur arrose
Le sol où mûrira le fruit après la fleur,

Marie assemble & tresse avec l'œillet la rose,
Pour ce front où l'épine appelle la douleur.

VOIX DANS LE CIEL.

Dans votre jardin, portes closes,
Renfermez-vous, cueillez des roses,
Joignez-y la blancheur des lis.
— Baisers, second lait de l'enfance,
Soyez la douce récompense
De jours si saintement remplis.

XIII.

Te suspirat cordis clamor,
In te fertur ardens amor,
Mitte, Jesu, lumina.
Cœlo natis, ô Beatis !
De torrente voluptatis
Funde, Jesu, flumina.

LA PRIERE.

____

LA PRIERE.

Ainsi parla le père à ses enfants bien sages ;
— Quand il leur expliquait ces gentilles images,
Sur ses genoux c'était à qui viendrait s'asseoir ; —
Puis il leur dit : « Voyez, déjà le jour décline,
Le troupeau qui revient mugit sur la colline.
Adressons au Seigneur la prière du soir. »

LE CHOEUR DES ENFANTS.

Mon Dieu, nos cœurs feront vos temples ;
Jéfus, nous fuivrons tes exemples,
Aimant, travaillant & priant.

LE PERE.

Que ta grâce les fortifie
Dans les traverfes de la vie,
Et je verrai venir mon heure en fouriant.

Achevé d'imprimer pour la première fois, à Lyon,

PAR LOUIS PERRIN,

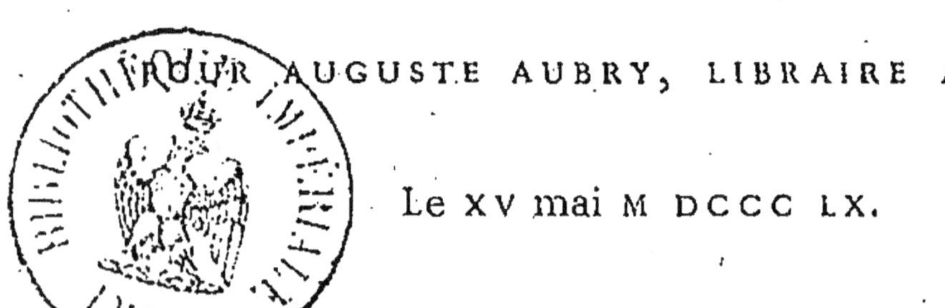

POUR AUGUSTE AUBRY, LIBRAIRE A PARIS,

Le XV mai M DCCC LX.

IMPR
BIBLIOTH. IMPÉRIALE